MEDEIROS E ALBUQUERQUE

SÉRIE ESSENCIAL

ACADEMIA BRASILEIRA DE LETRAS

Diretoria de 2014
Presidente: *Geraldo Holanda Cavalcanti*
Secretário-Geral: *Domício Proença Filho*
Primeiro-Secretário: *Antonio Carlos Secchin*
Segundo-Secretário: *Merval Pereira*
Tesoureira: *Rosiska Darcy de Oliveira*

COMISSÃO DE PUBLICAÇÕES
Alfredo Bosi
Antonio Carlos Secchin

Série Essencial | Concepção e coordenação
Antonio Carlos Secchin

Produção editorial
Monique Mendes
Revisão
Gilberto Araújo
Projeto gráfico
Estúdio Castellani | *Imprensa Oficial do Estado de São Paulo*
Caricaturas
J. Bosco

Catalogação na fonte:
Biblioteca da Imprensa Oficial do Estado de São Paulo

G288   Gens, Armando, 1952-.

       Medeiros e Albuquerque, cadeira 22, ocupante 1 (Fundador) /
Armando Gens – Rio de Janeiro : Academia Brasileira de Letras; São
Paulo : Imprensa Oficial do Estado de São Paulo, 2014.

       64 p. ; 19 cm – (Essencial; 78)

       ISBN 978-85-401-0130-2

       1. Albuquerque, Medeiros e, 1867-1934. I. Título. II. Série.

CDD B869.92

Esta edição adota o novo *Acordo Ortográfico da Língua Portuguesa*.

SÉRIE ESSENCIAL

MEDEIROS E ALBUQUERQUE

CADEIRA 22 / OCUPANTE 1 (FUNDADOR)

Armando Gens

ACADEMIA BRASILEIRA
DE LETRAS

imprensaoficial
GOVERNO DO ESTADO DE SÃO PAULO

Medeiros e Albuquerque

Armando Gens

Traços para um Retrato

A restauração do retrato Medeiros e Albuquerque[1] começa por um esboço delineado pelo crítico Araripe Júnior. Foi em uma crônica, publicada no jornal *Novidades*, de 25 de fevereiro de 1889, que ele assim descreveu o autor de *Pecados* (1889): "alto, magro, moreno, pálido, imberbe, conversador, expansivo, *effronté* nos gestos, excêntrico no vestuário, um pouco ziguezagueante no

---

[1] Consultar o *site* da Academia Brasileira de Letras: www.academia.org.br.

6   SÉRIE ESSENCIAL

acionado, quando a estricnina, que costuma tomar, foi menos bem dosada".[2] Neste sucinto perfil, sobressaem excentricidade e movimentação; traços acentuados, com frequência, em diferentes perfis que compuseram a galeria de homenagens àquele que fez parte do grupo fundador da Academia Brasileira de Letras e ali ocupou a Cadeira 22.

Sobre a propalada excentricidade de Medeiros e Albuquerque, existem testemunhos que merecem ser evocados. Segundo Roquete Pinto,[3] certa ocasião, o autor de *Graves e Fúteis* (1922) "encomendou uma sobrecasaca monumental", "com a gola e as guardas de seda carmesim", para vestir literalmente a sua convicção política e desafiar o Presidente Nilo Peçanha. Já Humberto de Campos conta que João do Rio deparou-se com Medeiros e Albuquerque "de cócoras, de fez à cabeça fumando um narguilé, na ponte do Gálata",[4] bem como menciona que ele manteve um harém, em Istambul (Constantinopla), cuja

---

[2] COUTINHO, Afrânio (dir.). *Pecados. In:*_____. *Obra Crítica de Araripe Junior*. Rio de Janeiro: Ministério da Educação e Cultura; Casa de Rui Barbosa, 1963, vol. II, p. 183.

[3] PINTO, Roquete. "Evocação a Medeiros e Albuquerque". *A Manhã*, Rio de Janeiro, vol. IV, n.º 6, 14 fev. 1943. *Autores e Livros* – Suplemento Literário, p. 86.

[4] CAMPOS, Humberto de. "Perfil – de Medeiros e Albuquerque". *A Manhã*, Rio de Janeiro, vol. IV, n.º 6, 14 fev. 1943. *Autores e Livros* – Suplemento Literário, p. 87.

guarda ficara sob a responsabilidade de quatro eunucos. Acerca do harém não se pode confirmar a veracidade da informação, porém existem registros que atestam o interesse de Medeiros e Albuquerque por esta parte do mundo. De viva voz, revelou o desejo de ser turco; esteve na Turquia em 1908, e, depois, em 1912, a serviço da *Gazeta* para fazer uma reportagem sobre terremotos; e há fotografias em que ora aparece em trajes típicos daquela região, ora em traje ocidental, mas trazendo à cabeça o barrete cônico usado pelos turcos do Oriente Médio.

Do ponto de vista da excentricidade, a indumentária promove interpretações, pois, se a sobrecasaca com detalhes em carmesim era uma forma de aplicar sobre o corpo a convicção política, o traje turco, antes de ser um mero recurso para desestabilizar convenções sociais, fortalecia o anseio de se transformar em outro, optando por uma identificação acentuadamente exótica. A escolha pelo Oriente se constituía em saída existencial ou mesmo literária para o desencanto e o desenraizamento tão presentes ou latentes àqueles que viveram em tempos de diluições, opacidades ou radicais mudanças. Porém, a relação de Medeiros e Albuquerque com indumentárias não se restringiu aos exemplos citados. Diz-se que foi dele a ideia de criar o fardão acadêmico; contudo, a primazia de usar o traje coube a Paulo Barreto — João do Rio. Para Medeiros e Albuquerque, o fardamento ia muito além dos limites da distinção. Por isto, desfilou, pelos bulevares de Paris, enfiado em um uniforme da Guarda Nacional, mais como chamariz para conquistas amorosas.

A questão identitária também ganha corpo no uso de pseudônimos. Neste quesito, Medeiros e Albuquerque demonstra ter sido muito inventivo. Com as máscaras de Armando Quevedo, Atásius Noll, J. dos Santos, Max, Rifiúfio Singapura, empanava a identidade civil. Embora não sendo gratuitos, os pseudônimos do Acadêmico não parecem refletir a prática comum entre os escritores do século XIX e da primeira década do século XX que, para despistarem que ganhavam a vida escrevendo para jornais e revistas, recorriam a pseudônimos com a intenção de acobertar a real identidade literária. Medeiros e Albuquerque sempre se apresentou como jornalista. Então, a excentricidade dos pseudônimos, para ele, convertia-se em jogo de máscaras que abalava o *status* social do homem de letras, porque carnavalizava a sisudez da categoria através da invenção de nomes improváveis, com marcas de falsos requintes e, por vezes, ridículos e risíveis.

Há que se concordar com Araripe Júnior que Medeiros e Albuquerque possuía uma excentricidade provocante e demonstrou ter uma capacidade espantosa de se movimentar por diferentes setores, ao longo da vida. A imagem que ficou para a posteridade é a de um homem plural com insaciável fome de conhecimento. Em síntese, sabe-se que: exerceu vários cargos públicos; foi professor; participou de lutas sociais; escreveu contos, crônicas, novelas, peças teatrais e poemas; praticou a crítica literária; realizou conferências; consagrou-se como polemista; viajou pelo mundo; e teve muitos amores, o que lhe rendeu a fama de Don Juan e de Casanova, o que lhe reitera, através da referência a personagens sedutores e volúveis, a movimentação vertiginosa que a diferentes setores da vida impôs.

Profissão, Arte ou Religião?

A mobilidade de Medeiros e Albuquerque mostra-se perspectivada no exercício do Jornalismo. Tanto na imprensa brasileira quanto na estrangeira, é possível reconstituir a movimentação através do mapeamento de jornais e revistas com os quais colaborou, por exemplo: *O Clarim, O Fígaro, Novidades, A Notícia, Jornal do Commercio, Noite, A Gazeta de São Paulo, La Nación, Le Temps* e *Journal de Psychologie Normale et Pathologique*.

Em vários textos que produziu dava mostras de orgulhar-se da profissão. Na resposta a João do Rio, para *O Momento Literário*, destacou que a "imprensa comporta para os que nela trabalham com certo amor uma grande dose de arte".[5] Em

---

[5] Rio, João do. *O Momento Literário*. Rio de Janeiro: Fundação Biblioteca Nacional; Dep. Nacional do livro, 1994, p. 74.

Pontos de Vista (1913), dedicou uma sessão investigativa para equiparar o Jornalismo às belas-artes. Posteriormente, ao ser convidado a se pronunciar a respeito da "Evolução Literária do Brasil", na sessão da Academia que se destinava a comemorar o Centenário da Independência, não deixou escapulir a oportunidade de esboçar significativo perfil da categoria, bem como a de rebater críticas a ela desferidas. E assim deu início à fala:

> Lembraram-se então os meus colegas de que havia na lista dos acadêmicos um jornalista.
>
> Um jornalista é um homem enciclopédico, que entende de tudo, sobre tudo dá sentenças profundas e definitivas. Em um artigo de jornal, ele é capaz de fazer caber toda a história universal.
>
> Dizem os malédicos que ele faz caber tanta cousa em tão pouco espaço, porque, se lhe dessem mais espaço, ver-se-ia logo como a ciência era de fôlego curto...
>
> Mas exatamente o que se pedia para esta sessão não passava de um discurso bem parecido com um artigo de jornal; de fôlego não muito longo, dizendo duas ou três cousas que não terão originalidade alguma, porque não se trata hoje de expor proficientemente

assunto nenhum. Não se trata de doutrinar e ensinar verdades novas; mas simplesmente de lembrar algumas frases e alguns nomes da nossa história literária, comemorar — mais nada.[6]

Entre um torneio retórico — misto de ironia e modéstia —, o acadêmico situa com muita clareza o papel do jornalista, como categoria que transita por diferentes áreas do saber e sobre elas discorre com autoridade outorgada pela ordem grafocêntrica. De acordo com o pronunciamento de Medeiros e Albuquerque, observa-se que o exercício do Jornalismo deveria ficar a cargo de um profissional com acentuado poder de síntese e que tivesse por missão distribuir saber para as massas e formar a opinião pública. Por isso, ao sair em defesa da categoria no espaço da Academia Brasileira de Letras — o contexto da fala proferida — promove uma instigante dicotomia entre enciclopedismo e especialização, entre mobilidade e estabilidade.

Medeiros e Albuquerque, pautando-se pelos valores grafocêntricos, acreditava no papel difusor desempenhado pelos jornais, no que se referia à formação de leitores,

---

[6] ALBUQUERQUE, Medeiros e. "Evolução Literária do Brasil". *In*:_____. *Homens e Cousas da Academia*. Rio de Janeiro: Renascença, 1934, p. 12.

SÉRIE ESSENCIAL

pois caberia ao jornalista mover a opinião pública, despertar paixões e disseminar ideias, características que o levaram a atribuir ao Jornalismo "uma grande dose de arte".[7] Depreende-se que o Jornalista Medeiros e Albuquerque assinara um pacto com a cultura de seu país. Íntegro em seus ideais, partilhou não só com o grande público mas também com os seus pares livros e leituras a que nem todos tinham acesso. A esse respeito, Andrade Muricy registrou um depoimento significativo no *Panorama do Movimento Simbolista Brasileiro* (1973), ao realçar que Araripe Júnior e Gama Rosa tiraram muito proveito das obras decadentistas que Medeiros e Albuquerque fizera vir de Paris e a eles emprestara.

Duas Palavras de Ordem:
Simplificação e Universalização

Impulsionado pela vontade de saber e comprometido com o pacto cultural, Medeiros e Albuquerque enveredou pelos mais diversos campos do saber: Antropologia, Biologia, Esoterismo, Estética, Filosofia, Literatura, Lógica, Magia, Psicologia. Além disso, demonstrou ter grande interesse pelas questões linguísticas e gramaticais. Em 1917, participou do projeto da reforma

---

[7] *Idem, ibidem,* p. 74.

ortográfica impetrado pela Academia, apresentando uma justificativa que discutia a posição de especialistas, como Gonçalves Vianna e Candido de Figueiredo, em relação ao emprego do *s* e do *z*, pelo viés das variações linguísticas do Português do Brasil, da etimologia e do dicionário de rimas, entre outros pontos consignados. Ao final do projeto, cujo objetivo era "firmar uma ortografia para as publicações oficiais"[8] da Academia, elaborou-se um vocabulário ortográfico composto de 12 regras,[9] cabendo a décima a Medeiros e Albuquerque.

O interesse pelas questões ortográficas reapareceu no discurso que proferiu na sessão pública da Academia, em 30 de abril de 1931. Após esclarecer que esta data era muito importante para a história da Língua Portuguesa, realizou um rápido balanço da reforma de 1917, no qual enfatizava os calorosos debates suscitados pela questão entre os acadêmicos, ressentindo-se de que, naquela mesma ocasião, a Academia não contara com o apoio oficial que lhe era merecido. Neste discurso, assoma a posição nada conservadora e muito pertinente de Medeiros e Albuquerque, quando buscava minimizar a gravidade dos erros ortográficos com

---

[8] ALBUQUERQUE, Medeiros e. "A Questão Ortográfica". *In:*_____. *Pontos de Vista*. Rio de Janeiro/ São Paulo: Francisco Alves; Paris/ Lisboa: Aillaud, Alves & Cia, 1913, pp. 337-66.

[9] Na edição de 1913, falta a nona regra.

o argumento de que "os maiores clássicos, os que colocavam melhor as ideias que as palavras, cometiam erros abomináveis de ortografia". Mostrava-se também avesso à etimologia, porque, para ele, o importante não era saber o que as palavras significam diacronicamente e, sim, o que elas significam no tempo presente. Sem dúvida, Medeiros e Albuquerque, não sendo um purista e assumindo uma visão prática diante das questões gramaticais, saía em defesa da simplificação. Em parte, as posições linguísticas defendidas por Medeiros e Albuquerque derivam da sua atuação em campo educacional brasileiro. De seu currículo consta que exerceu os seguintes cargos: professor primário adjunto (1885-1889); diretor-geral da Instrução Pública (1897-1906); vice-diretor do Ginásio Nacional (1890); professor da Escola de Bela-Artes (1890-?); professor de Ensino Médio (1890-1897).

Fica patente que a experiência diversificada, no campo educacional, despertou nele uma acentuada preocupação com as questões do ensino. No discurso proferido, em 1931, não deixou de esboçar a preocupação com o sistema ortográfico e seus efeitos "fatais" nos exames preparatórios, ao levantar a seguinte questão: "Como se pode admitir que os seus delegados aprovem aqui e reprovem ali provas em que há a mesma ortografia, que uns consideram certa e outros errada?".[10] Considerando que se tratava de uma situação absurda e prejudicial, entendia que a simplificação seria um meio de solucionar os impasses que se apresentavam no âmbito da avaliação da ortografia. Então, propôs: a supressão do *h* inicial, a substituição do *s* intervocálico por *z*, a eliminação de, pelo menos, quatro dos cinco sons possíveis para a letra *x* na língua portuguesa, endossando simplificações já defendidas por Euclides da Cunha e Araripe Júnior.

O certo é que simplificação e universalização foram ideais que Medeiros e Albuquerque aplicou em diferentes contextos. Nascido José Joaquim de Campos da Costa de Medeiros de Albuquerque, reduziu o nome para Medeiros e Albuquerque, porque o achava muito extenso. Ao anunciar a publicação do primeiro capítulo do romance *Mistério* (1920), nas páginas de *A Folha*, assinou apenas "&", levando às últimas consequências a simplificação. Assumiu uma posição ousada ao recomendar a simplificação do sistema ortográfico da Língua Portuguesa, desconsiderando as bases etimológicas. Não acreditava em literatura local e, tampouco, em regional. E mais: desferiu uma campanha favorável ao ensino do Esperanto e incentivou o seu aprendizado,

---

[10] ALBUQUERQUE, Medeiros e. *Homens e Cousas da Academia*. Rio de Janeiro: Renascença, 1934, p. 28.

16   SÉRIE ESSENCIAL

conforme deixou escrito nas páginas de *O Momento Literário*, de João do Rio: "creio que caminhamos não só para a universalização de todas as ideias, como para o emprego de uma só língua. O *Esperanto*, que é ainda imperfeito, já, entretanto, provou a possibilidade de uma língua literária universal".[11]

Sobre a Criação de uma Faculdade de Letras

As questões referentes ao ensino comparecem não só no *Vocabulário Brasileiro de Ortografia Oficial* (1933), de Medeiros e Albuquerque, mas também surgiram nas páginas de jornais, quando, em 1917, ele encetou uma polêmica com João do Rio, a respeito do projeto de Nabuco de Gouveia, que propunha a criação de uma Faculdade de Letras.

A respeito da polêmica, sabe-se que João do Rio, através das páginas de *O País*, entendeu que a criação de uma Faculdade de Letras, no período dramático pelo qual o Brasil passava, não parecia oportuna, já que, na categoria de nação abandonada, precisava de trabalho "prático e urgente", não de "bacharéis",

---

[11] RIO, João do. "Medeiros e Albuquerque". *In*:_____. *O Momento Literário*. Rio de Janeiro: Fundação Biblioteca Nacional, Departamento Nacional do Livro, 1994, pp. 70-1.

MEDEIROS E ALBUQUERQUE 17

"de homens de gabinete". A proposta de João do Rio baseava-se no modelo de desenvolvimento dos Estados Unidos. No mesmo dia, Medeiros e Albuquerque, em crônica intitulada "Uma Objeção Infundada", atacou o adversário por superestimar a prática em detrimento do saber teórico. Com base no modelo de desenvolvimento da Alemanha, argumentou que "instrução teórica superior" e prática eram complementares, de forma que, caso a Faculdade de Letras fosse criada, caberia a ela formar professores especializados para substituir aqueles que ensinavam sem formação específica necessária.

No jogo de réplicas, João do Rio, precisamente no artigo datado de 17 de setembro de 1917, mantendo-se firme aos argumentos anteriores, revelou que sua preocupação era social e acusou a "classe formada no Brasil" de não ter resolvido os problemas capitais do país: o ensino obrigatório, a expansão das escolas profissionais e o desenvolvimento do ensino agrícola. É importante frisar que João do Rio não se opunha à criação de uma Faculdade de Letras; antes, temia, sim, a permanência dos bacharéis e o fortalecimento de uma ideologia que rejeitava ações práticas.

Com a crônica, intitulada "A Faculdade de Letras", de 17 de setembro de 1917, Medeiros e Albuquerque deu a polêmica por encerrada. Fincou o pé no argumento de que a formação de uma intelectualidade especializada resolveria a questão brasileira e pontificou: "Para que se realize o desejo dos que querem o alargamento da nossa cultura é indispensável que comecemos por formar o estado-maior que deve promovê--la e dirigi-la. E é esse o papel da Faculdade de Letras."[12] Segundo se observa, Medeiros e Albuquerque sustentava a necessidade de um espaço de formação específica para professores da área de Letras, porque reconhecia a importância da relação entre teoria e prática como um caminho possível para erradicar o amadorismo e a falta de competências no exercício do magistério.

Um Cidadão do Mundo

A versatilidade e a maleabilidade atribuídas a Medeiros e Albuquerque transparecem com muita clareza, quando se pretende mapear-lhe geograficamente os passos. Tendo nascido em Recife, em quatro de setembro de 1867, veio para o Rio de Janeiro aos nove anos de idade. Estudou no Colégio Pedro II, revelando, desde cedo, habilidades para o Jornalismo, ao fundar o jornal escolar, intitulado *O Patusco*. Aos 13 anos, troca o Rio de Janeiro por Portugal. Lá permaneceu durante

---

[12] ALBUQUERQUE, Medeiros e. *Polêmicas*. Coligidas e anotadas por Paulo de Medeiros e Albuquerque. Rio de Janeiro: Irmãos Pongetti, s/d, pp. 16- 41.

quatro anos, realizando seus estudos na Escola Acadêmica de Lisboa. Retornou ao Brasil, em 1884, ano em que reingressou no Colégio Pedro II.

Este movimento de vai e vem acentua-se na obra intitulada *Por Alheias Terras* (1931). Nela, Medeiros e Albuquerque elaborou um guia turístico muito peculiar. No olhar que lançou sobre cidades e países visitados não é possível identificar o turista deslumbrado, mas um visitante curioso que fazia questão de participar da vida dos espaços pelos quais transitou. Movido por este propósito, registrou paisagens e emitiu opiniões sobre povo, literatura, moda, política, sistema carcerário, práticas de sepultamento, religião, arquitetura, entre tantos outros aspectos de relevância cultural. Em seus deslocamentos, evitava ler sobre os lugares que iria visitar, embora não ignorasse os guias disponíveis daqueles tempos — *Baedecker* e *Guides de Joanne*.

Basta folhear o livro *Por Alheias Terras* para comprovar o gosto de Medeiros e Albuquerque pelas viagens, assim como para admitir que a ele cabe o título de cidadão do mundo. Através das informações contidas neste volume — uma versão dos *carnets de voyage* —, é possível reconstituir o circuito realizado por Medeiros e Albuquerque. Esteve em Paris; foi aos Estados Unidos para participar do Congresso de Jornalistas realizado em Washington; circulou pela Turquia e Itália, a serviço da *Gazeta*, para fazer reportagens sobre terremotos e

20 SÉRIE ESSENCIAL

vulcões; foi convidado, mais por ser Presidente da Academia (1925) do que por ser escritor, a visitar o Peru; e, segundo as palavras do cidadão do mundo, ficou fascinado pelos "países microscópicos da Europa"[13] como Moresnet (incorporado à Bélgica), San Marino, Andorra, Mônaco.

Seus longos relatórios de viagem, com os quais entremeava reflexões acerca da prática burguesa de viajar, atendiam a um desejo muito claro de estimular e disseminar tal prática. Para tanto, ressaltava semelhanças e diferenças entre os povos, oferecia noções de etiqueta para os viajantes e, sobretudo, incentivava as viagens longas, já que era favorável à imersão cultural. Encorajava futuros viajantes, aclarando que as viagens haviam perdido a dimensão heroica, uma vez que riscos e embaraços haviam diminuído. Por não abdicar do papel de educador, sublinhou, em seus apontamentos, o caráter educativo das viagens, especialmente para segmento jovem.

Nas notas de viagem, Medeiros e Albuquerque aplicava o método comparativo. Embora sendo um "cidadão do mundo", sua terra natal constituía uma das pontas da comparação. Autêntico representante da elite que circulara entre as últimas décadas do século XIX e as primeiras décadas do século

---

[13] ALBUQUERQUE, Medeiros e. *Por Alheias Terras*. Rio de Janeiro: Americana, 1931, p. 189.

XX, não poderia deixar de mencionar, em seus relatórios, um penetrante contraste entre Rio de Janeiro e Paris. Trata-se de uma imersão na vida da cidade que "é para os brasileiros cultos uma espécie de Meca".[14] Querendo desfazer preconceitos e estereótipos relacionados ao parisiense, Medeiros e Albuquerque promoveu, durante a permanência em França, uma análise da vida intelectual, da vida doméstica e da vida social, através de exemplos práticos colhidos na observação direta da cidade, como era de se esperar de um jornalista convicto.

Entre Lutas e Campanhas Políticas

Medeiros e Albuquerque era um progressista, como bem demonstram as causas que abraçou na vida pública. Ao lado de Alcindo Guanabara, compôs o grupo dos que se colocaram contra o regime monárquico, mas participou, de forma comedida na campanha abolicionista, porque estava mais preocupado com o progresso intelectual; segundo ele, era o momento de investir avidamente nas leituras. Contudo, na campanha republicana, mostrou-se envolvido por inteiro, chegando a compor a letra do Hino do Partido Republicano

---

[14] *Idem, ibidem*, p. 7.

que veio a tornar-se o da Proclamação da República,[15] graças a um pequeno ajuste do verso "O Brasil surja enfim libertado", para "O Brasil surgiu libertado".

Não media esforços para fazer oposição à Monarquia ou rasurar publicamente a imagem da Família Imperial. Estimulado pela indignação, publicou, contra a Princesa Isabel, um poema intitulado "Remorso" (1889). De imediato, a obra foi retirada da vitrine da Livraria Laemmert, a conselho de um delegado de polícia. No entanto, a censura só serviu para despertar o interesse sobre a plaquete, que, após o episódio com o delegado, chegou a ter 20 edições; especialmente o último verso aparecera estampado em vários jornais de oposição.

A confessada aversão que nutriu por D. Pedro II também lhe rendeu um poema de circunstância, intitulado "17 de Novembro de 1889", pois fora escrito na data em que o Imperador deixara o Brasil. Em 1932, a mesma aversão parece tê-lo incitado a editar e prefaciar as *Poesias Completas de Pedro II*, para desbancar a imagem pública do Imperador. Sabendo-se da aversão, supõe-se que tenha apelado a uma interessante tática, ao se colocar como crítico para montar a cena da desmoralização, sem que pudesse parecer inveja, revanche ou vingança. É

---

[15] A letra e a música do Hino podem ser acessados em: www.brasilescola.com/historia/hinodaproclamacaoda republica.htm

muito provável que Medeiros e Albuquerque desejasse marcar, com tal investigação, que ele era um homem civilizado e que, portanto, não se deixava guiar pelas questões de cunho pessoal.

O fato é que, neste volume, procurou desconstruir a ideia de que Pedro II era um homem culto, inteligente e devotado às ciências, e, sobretudo, buscou provar, no prefácio, que os *Sonetos de Exílio*, publicados em Paris, por volta de 1898, não foram escritos pelo Imperador. Através de comparações com poemas que antecederam aos da publicação francesa, concluiu que se tratava de uma "impostura literária".[16]

Percebe-se que fora um homem de ação e de oposição. Através de poemas e de artigos de jornais, buscou conscientizar a opinião pública a respeito dos atos e das manobras governamentais. E se, oficialmente, lidou com vários presidentes — Prudente de Morais, Campos Sales, Rodrigues Alves, Afonso Pena, Nilo Peçanha, Hermes da Fonseca e Epitácio Pessoa —, não raro colocou-se como opositor aos governos a que servira. Por creditar poder à palavra impressa, através de *A Folha*, com um artigo em forma de poema, conseguiu impedir a venda de navios ex-alemães aos Estados Unidos, no governo de Epitácio Pessoa; e, nas páginas de *Noite*, lançou

---

[16] ALBUQUERQUE, Medeiros e. "Apêndice". *In*:_____. *Minha Vida* — da Infância à Mocidade (1867-1893). Rio de Janeiro: Calvino Filho, 1933, p. 307.

uma campanha de tal intensidade para que o Brasil entrasse na guerra contra os alemães, que terminou por influir na decisão governamental.

Por esta e tantas outras formas de oposição foi homenageado ou perseguido. Em alguns momentos mais tórridos da cena política brasileira, sofreu atentado, teve de deixar o país ou pedir asilo político. No governo de Hermes da Fonseca, retirou-se para a Europa; no governo de Prudente de Morais pediu asilo ao Ministro do Chile, Dom Isidro Errázuris; e, no governo de Getúlio Vargas, foi obrigado a buscar abrigo na Legação do Peru, porque falou mal da Revolução de 30. Anteriormente, fizera uma vigorosa campanha radiofônica a favor de Júlio Prestes — um forte oponente de Getúlio Vagas — o que veio acarretar, com certeza, a perseguição que sofreria na manhã de 24 de outubro de 1930.

Além de opositor, Medeiros e Albuquerque era um homem de empreendimentos. Entre realizações mais importantes, estão as que ele deu curso, quando deputado e diretor de Instrução. Empenhou-se para que fosse votada a primeira lei de direitos autorais, apresentou o primeiro projeto sobre acidentes de trabalho e propôs a criação de um Ministério da Instrução Pública. Devido a suas mediações, obteve a autorização do Conselho Municipal para criar o primeiro Instituto Professional Feminino e, posteriormente, conseguiu aprovar a lei que ordenava a criação do referido instituto.

Através de suas ações, Medeiros e Albuquerque se revela um articulador e estrategista de primeira linha. Convenceu, por exemplo, Lauro Müller, a reconhecer o Esperanto como "linguagem clara" no telégrafo; assim como, à revelia do que pensava o Presidente Afonso Pena, intercedeu junto a Miguel Calmon du Pin e Almeida, Ministro da Viação e das Obras Públicas, para que ele fizesse imprimir o recenseamento de 1908, em Francês e Esperanto. O presidente, ao tomar conhecimento da publicação, ficou bastante enfurecido, pois considerava o Esperanto "uma coisa perfeitamente estúpida".[17]

Nota-se que, para Medeiros e Albuquerque, não havia obstáculos. Fiel aos seus projetos, arguto e ardiloso, não minimizava o poder das mediações. Tão logo descobriu que, no regime presidencial, o poder do presidente "absorve todos os outros", ficou convencido de "que o melhor meio de fazer triunfar certas ideias era sugeri-las a amigos do governo, que as apresentavam como suas e as faziam passar".[18] Em resumo: conhecia muito bem os meios de conseguir o que desejava,

---

[17] ALBUQUERQUE, Medeiros e. Afonso Pena. *In*:_____. *Minha Vida – da Mocidade à Velhice (1893-1934)*. Rio de Janeiro: Calvino Filho, 1934, vol. II; p. 42.

[18] ALBUQUERQUE, Medeiros e. Apêndice. *In*:_____. *Minha Vida – da Infância à Mocidade (1867-1893)*. Rio de Janeiro: Calvino Filho, 1933, p. XII.

empregando uma prática que muito se aproxima daquela que, hoje, se denomina *lobby*.

Um Salto para o Ocultismo

Medeiros e Albuquerque figura como um homem de letras envolvido com as questões de seu tempo. Pelo que deixou gravado em suas memórias, deduz-se que era completamente avesso à estagnação intelectual. A sede de contemporaneidade o impulsionava a buscar o novo e o diferente, enquanto a curiosidade nata o estimulava a enveredar por diferentes áreas do conhecimento. Assim, quando estudante da Escola Acadêmica de Lisboa, leu um livro intitulado *Tratado de Magnetologia*. Na viagem de volta ao Brasil, a leitura de *Forma e Matéria*, de Büchner, foi decisiva para que se tornasse ateu, bem como a participação no grupo de Tito Lívio fez com que se interessasse pelos estudos ditos científicos.

O grupo liderado por Tito Lívio era constituído por estudantes de Medicina. O pertencimento ao grupo era tão denso que Medeiros e Albuquerque, para acompanhá-lo, seguiu um curso particular de História Natural, ministrado por Emílio Goeldi, naturalista muito prestigiado, porque havia compartilhado ensinamentos com Haeckel. Todavia, para Medeiros e

Albuquerque, a leitura das obras de Haeckel não era de fácil compreensão, como ele próprio confessou. Porém, a avidez pelo conhecimento não lhe impediu o acesso às teorias mais técnicas do biólogo: às do reino dos protistas e da antropogenia.

Ressalta-se que a formação filosófica de Medeiros e Albuquerque não se deu apenas no âmbito do grupo liderado por Tito Lívio. Por determinação paterna, tivera lições particulares de filosofia com Sílvio Romero, o que lhe possibilitou realizar leituras concernentes ao Evolucionismo e ao Positivismo, assim como desenvolver as habilidades necessárias à argumentação. Entre os filósofos preferidos de Medeiros e Albuquerque encontram-se também Schopenhauer e Hartmann. Sabe-se que, em decorrência das leituras das obras de filósofos pessimistas alemães, chegou a propor um livro sobre modos de exterminar a espécie humana, processos para obstar a procriação humana, meios seguros de provocar abortos e sugestões para suicídios. Entretanto, se o livro ficou na proposta, alguns dos temas previstos ressurgiriam em poemas que escreveu.

O interesse pela ciência levou-o, ainda, a fundar o Laboratório de Psicologia Pedagógica, em 1897, mas logo desativado por parecer uma extravagância pessoal. O mesmo interesse transparece nas notas que escreveu, sobre Nicolau Copérnico, John Kepler, Galileu Galilei, Newton e Laplace, para um curso de mitologia na Escola de Belas Artes. Na verdade, jamais conseguiu entrosar-se com o curso, que havia sido criado por Raul Pompeia. Na primeira oportunidade que lhe surgiu, com o auxílio de um amigo, conseguiu a aprovação para extinguir a cadeira de mitologia, no governo de Hermes da Fonseca.

Embora Medeiros e Albuquerque estivesse exposto ao Positivismo e ao Evolucionismo, tal exposição pareceu mesmo aproximá-lo dos estudos sobre o inconsciente e a se voltar para o hipnotismo, com o firme propósito de entender sobre sugestão mental, transmissão de imagens da mãe para o feto, obtenção de movimentos à distância, materializações, entre tantas outras questões que o inquietavam. Todavia, não se limitou ao estudo do hipnotismo, ansiava por uma prática. Tamanha vontade que fez vir, de Paris, um hipnoscópio que acabou sem muita aplicação. Contudo, em suas memórias, relata que testemunhou sessões de hipnose nos consultórios de Francisco Fajardo e Érico Coelho, bem como afirma que hipnotizou várias pessoas sem que elas tivessem conhecimento.

De Engenhos e até de Engenhoca

Diversificação e versatilidade são como nortes na trajetória de Medeiros e Albuquerque. Além de se exercitar na hipnose, enveredou pelos caminhos das invenções[19] e não perdeu a oportunidade de patenteá-las. Em 13 de março de 1911, em Paris, registra, sob o n.º 427.217, uma ideia de aplicação do princípio de torniquetes hidráulicos para movimentar as hélices de aviões. Em cinco de novembro de 1918, patenteia, em New York, sob o n.º 261.192, a ideia de que, em vez de os gases passarem pelas pás das hélices, estes seriam lançados diretamente na atmosfera. Nesta invenção, associou-se a Raul Ribeiro da Silva, um engenheiro mecânico. Já em 13 de março de 1916, em Paris, solicitou a patente de um cinema estereoscópio. Como não tivesse vocação para desenho, vinculou-se ao desenhista Roberto Martin. Por fim, uma terceira patente: uma máquina de escrever que cifrava e decifrava textos. Tratava-se de uma alteração específica das máquinas Hammond.

Maurício Medeiros estava coberto de razão. Medeiros e Albuquerque era um homem de "conceitos revolucionários, ideias gerais surpreendentes" e que adorava novidades. Assim é que, certo dia, apareceu com uma máquina de compor histórias literárias cujo formato era o de:

---

[19] Cf. ALBUQUERQUE, Medeiros e. Invenções. *In:*_____. *Quando Eu Era Vivo*. Rio de Janeiro: Record, 1981, pp. 347- 9.

uma caixa quadrangular, tendo numa das faces diversos mostradores sobrepostos. [...] Nos mostradores, de cima a baixo, apareciam, pelo rodar das maçanetas, nomes, títulos profissionais, verbos indicando os acontecimentos da novela desejada, lugares em que as cenas se poderiam passar, crimes ou desastres para as personagens [...][20]

Esta engenhoca americana só reforça quanto Medeiros e Albuquerque, guiado por insaciável curiosidade, acabava caindo nas armadilhas de certas novidades que, em resumo, de nada lhe serviam, como ocorreu com o hipnoscópio que fizera vir de Paris.

Uma Máquina de Escrever

A metáfora "máquina de escrever" pode ser aplicada a Medeiros e Albuquerque, quando se leva em conta o que produziu. Reconhecidamente polígrafo, foi um escritor versátil e plural como atesta o conjunto de sua obra. Compôs contos,

---

[20] MEDEIROS, Maurício. "Medeiros e Albuquerque, o Homem Pensamento". *In: A Manhã*, Rio de Janeiro, vol. IV, n.º 6, 14 fev. 1943. *Autores e Livros* – Suplemento Literário, p. 86.

MEDEIROS E ALBUQUERQUE 31

crítica literária, conferências, crônicas, poemas, romances e teatro. Contudo, cabe ressaltar, de acordo com Antonio Arnoni Prado, que Medeiros e Albuquerque "se dedicará muito mais à prosa do que à poesia, à qual só retornaria a partir de 1922".[21] Isto pode ser explicado à luz das teorias do escritor, uma vez que, para ele, "o progresso individual" do artista "consiste em passar da poesia para a prosa".[22]

Coerente à sua proposta de artista, estreia com o livro de poemas, intitulado *Canções da Decadência* (1887). Nesta obra, de caráter híbrido — mescla de traços românticos, realistas e decadentistas —, encontram-se tendências iconoclasta e niilista, pois, sendo Medeiros e Albuquerque um poeta em transição, expressa a revolta e o desencantamento com o mundo. Poemas como "Sombras", "Crepúsculo", "À Beira de um Túmulo" e, sobretudo, "A Águia" acionam símbolos de tempos difíceis, bem como questionam o sentido da vida diante da inevitável finitude humana.

Através dos poemas de *Pecados* (1889), seu segundo livro, é possível vislumbrar um poeta teoricamente fortalecido

---

[21] PRADO, Antonio Arnoni. Introdução. *In*: ALBUQUERQUE, Medeiros e. *Canções da Decadência e Outros Poemas*. São Paulo: Martins Fontes, 2003, p. 17.

[22] ALBUQUERQUE, Medeiros e. "A Poesia do Amanhã". *In*:_____. *Pontos de Vista*. Rio de Janeiro/ São Paulo: Francisco Alves; Paris/ Lisboa: Aillaud, Alves & Cia, 1913, p. 82.

32   SÉRIE ESSENCIAL

para aventurar-se pela estética simbolista e decadentista, pois, segundo as vozes da crítica, coube a ele reunir uma preciosa seleção de obras francesas das quais constavam

> livros de Verlaine, publicações esotéricas de Mallarmé, de René Ghil, de St. Merril, de João (sic) Moréas, e as revistas em que Vielé Griffin, Paul Adam, Charles Viguier e outros sectários da revolta contra o realismo começaram a esboçar a estética dos novos e exibiam ideias dos independentes.[23]

As obras reunidas por Medeiros e Albuquerque sugerem que ele se mantinha informado sobre a movimentação literária francesa e, ao mesmo tempo, dão corpo à ideia de que ele tenha introduzido e divulgado o Simbolismo e o Decadentismo em campo literário brasileiro. Uma visão detalhada sobre o conjunto de poemas de *Pecados* revela um hibridismo de orientações estéticas que privilegiam símbolos, sugestões, ritmo e metro variados, *enjambement*, sensualidade e luxúria com certo acento *baudelairiano*, sem perder o tom *spleenético*, daqueles que

---

[23] RAMOS, Péricles Eugênio da Silva. "Poesia Simbolista". *In*: _____. *Do Barroco ao Modernismo*. 2.ª ed. rev. e aum. Rio de Janeiro: Livros Técnicos e Científicos, 1979, p. 217.

se debatem entre o nada, a desesperança, a dor e o desenraiza-mento, tão bem explicitados nos poemas "Proclamação Decadente", "A um Suicida", "Resposta" e *Nihil*", entre outros.

A despeito da volubilidade, Medeiros e Albuquerque demonstrou ser fiel aos seus poetas preferidos —Victor Hugo, Lecomte de Lisle, Edmond Haraucourt, Jean Richepin e Antero de Quental —, como bem destacou na resposta ao questionário de João do Rio. Em essência, seus poemas transpiram: a grandeza de imagens românticas; o apreço à forma imperecível; a interdiscursividade entre arte, filosofia e ciência; o caráter suspensivo do verso-pensamento marcado pelo emprego excessivo de reticências; eventos e personagens históricos; o *topos ut pictura poesis*; e certo pendor pelas marcações da prosa. Sobre esta última transpiração, convém mencionar que, em 1924, Medeiros e Albuquerque publicou *Poemas sem Versos*. Um livro no qual experimentou romper os limites entre prosa e poesia, investindo em estruturas nominais, dicção fracionada, parágrafos-fragmento, ritmos ágeis e aliterações, entre outros procedimentos técnico-estilísticos.

Com respeito à diluição de fronteiras, é impossível não ver as marcas do jornalista nos contos do autor, especialmente na maneira como conduz a narração e ativa o gosto do público. De modo geral, impõe a ela um ritmo ligeiro, dosando com propriedade a descrição. Tira partido das histórias de

34 SÉRIE ESSENCIAL

resolução, arrematando-as com final-surpresa. Foi com muita propriedade que, em 1934, publicou um livro de contos que tinha por título *Surpresa*. Porém, a surpresa não era só um título, ela marcava presença como uma técnica estendida às obras que escreveu. Em *Se Eu Fosse Sherlock Holmes* (1932), além da referência clara ao personagem de Conan Doyle, investiu na fórmula digestiva da literatura detetivesca que administra a curiosidade do leitor através de jogos de esconde-esconde bem prazerosos e com muitas surpresas.

Além de contos, Medeiros escreveu dois romances: *Marta* (1920) e *Laura* (1933). Filiam-se aos perfis femininos e são temperados com segredos, abnegações, mal-entendidos, relações incestuosas, traições e mortes. Os ingredientes de que se utilizou são típicos da máquina do romance-escândalo, uma vertente do folhetim com grande sucesso de público. Do ponto de vista do estilo, o autor não fez economia nos detalhes. Abusou do emprego de peripécias e optou por uma linguagem sem traços de erudição que se faz notar tanto na fala das personagens quanto no corpo da narração e das descrições. Sendo um escritor de grande versatilidade e aberto às experiências literárias, escreveu, além disso, um romance intitulado *Mistério* (1920), com Afrânio Peixoto, Coelho Neto e Viriato Correa. Antes de ser publicado pela editora de Monteiro Lobato, a obra aparecera sob a forma de folhetim, nas páginas de *A Folha*.

Escrito a várias mãos, o romance filia-se à literatura policial com direito a crime e confissão, pois o enredo gira em torno do assassinato de Sanchez Lobo, maquinado por Pedro Albergaria, com a intenção de vingar o pai a quem o banqueiro levara à ruína. Cabe, por fim, acrescentar que, neste romance de autoria coletiva, os autores também participavam como personagens.

No circuito por diferentes gêneros, Medeiros e Albuquerque também escreveu peças teatrais. *Escândalo* (1910) foi representada pela primeira vez em italiano, no palco do Teatro Municipal, em 13 de setembro de 1909, pela Companhia Nina Sanzi, na versão de Emilio Giunti. A peça, ambientada na cidade do Rio de Janeiro, tem dois atos e cinco cenas. Infâmia, esconderijos, traições, carta anônima, amores clandestinos, vingança e hipocrisia dinamizam uma série de suspenses que culmina com a revelação de que o amante da mãe era também o da filha. E assim a Viúva Carmo, mãe "zelosa", para salvar a filha do flagrante, toma o lugar dela na cena em que se dá o desmascaramento.

Como se pode perceber, a prosa de ficção e o teatro de Medeiros e Albuquerque mantêm pontos comuns. A começar pelas histórias de escândalo, segredos e vinganças, nas quais o autor maneja com muita propriedade os índices e as séries ascensionais até a culminância, evidenciando uma acentuada predileção pela estrutura básica do gênero policial. Observa-se, ainda, que, tanto no romance quanto no teatro, o amor familial aparece, com certa frequência, conjugado à hipocrisia, na medida em que personagens, como a Viúva Carmo, incorporavam o papel de salvadoras, porque estavam sob a pressão de padrões e conveniências da vida em sociedade.

Um Enquadramento para o Retrato

Ao levar-se em consideração a trajetória de Medeiros e Albuquerque pelos campos cultural, literário e político, verifica-se que ele se enquadra, de forma plena, em uma categoria a que se denominou "homem de letras" que, emergindo no século XIX, tinha, como reconhecida, a autoridade de versar e opinar sobre qualquer assunto. De acordo com Terry Eagleton, a referida categoria marca-se por um saber "tão diversificado" e avesso a "uma especialização intelectual".[24] Neste sentido, Medeiros e Albuquerque soube muito bem representá-la, conforme atestam os seus multíplices perfis: jornalista, crítico literário, polemista, ensaísta, conferencista, dramaturgo e literato. A vida era pura "estricnina", pois conforme

---

[24] EAGLETON, Terry. *A Função da Crítica*. Trad. de Jefferson Luiz Camargo. São Paulo: Martins Fontes, 1991, pp. 37-59.

MEDEIROS E ALBUQUERQUE 37

relatou "escrevia por dia ao menos quatro artigos, redigia a *Revista da Semana* e afora isso tinha colaborações avulsas".[25]

Tal multiplicidade não passou despercebida a Afrânio Peixoto, quando definiu o colega de ofício como "o cinema erudito; gracioso e movimentado, e por sessões".[26] Um esboço muito certeiro que, além da versatilidade, prefigurava, ainda que de modo tímido, a absorção do desenvolvimento técnico na vida humana e a forma com que certas marcas do cinema — imagem em movimento, cortes, simultaneidade — se projetavam no perfil dinâmico, versátil e fracionado de Medeiros e Albuquerque.

---

[25] ALBUQUERQUE, Medeiros e. *Quando Eu Era Vivo*. Rio de Janeiro: Record, 1981, p. 354.

[26] CAMPOS, Humberto de. "Perfil – de Medeiros e Albuquerque". *A Manhã*, Rio de Janeiro, vol. IV, n.º 6, 14 fev. 1943. *Autores e Livros* – Suplemento Literário, p. 87.

38 SÉRIE ESSENCIAL

Bibliografia do Autor

Canções da Decadência e Outros Poemas. São Paulo: Martins Fontes, 2003.

Contos Escolhidos. Rio de Janeiro; Paris: H. Garnier, 1907.

Em Voz Alta: Conferências Literárias. Rio de Janeiro: Kosmos, 1909.

Fim. São Paulo: Monteiro Lobato, 1921.

Graves e Fúteis. Rio de Janeiro: L. Ribeiro, 1922.

Homens e Cousas da Academia Brasileira. Rio de Janeiro: Renascença, 1934.

La Problemo de la Lingvo Internacia. Rio de Janeiro: Irmãos Pongetti, 1925.

Laura. Rio de Janeiro: Waissman, Koogan, s.d.

Literatura Alheia. Rio de Janeiro: Francisco Alves, 1914.

Mãe Tapuia. Rio de Janeiro; Paris, Garnier, s.d.

Marta. 2.ª ed. Rio de Janeiro: Francisco Alves, 1922.

_____; Coelho Netto, Henrique; Peixoto, Afrânio; Correa, Viriato. *Mistério.* São Paulo: Companhia Editora Nacional, 1928.

O Assassinato do General. Rio de Janeiro: Costallat & Miccolis, 1926.

O Hipnotismo e suas Aplicações. Rio de Janeiro: Leite Ribeiro & Murillo, 1919.

O Hipnotismo. 3.ª ed. Rio de Janeiro: Leite Ribeiro, 1926.

O Silêncio é de Ouro: conferências literárias. Rio de Janeiro: Francisco Alves, 1916.

O Umbigo de Adão. Rio de Janeiro, Flores & Mano, 1932.

Páginas de Crítica. Rio de Janeiro: Leite Ribeiro & Maurillo, 1920.

Parlamentarismo e Presidencialismo no Brasil. Rio de Janeiro: Calvino Filho, 1932.

Pecados. Rio de Janeiro: Tip. da Papelaria Parisiense, 1889.

Poemas sem Versos. Rio de Janeiro: Leite Ribeiro, Freitas Bastos, Spicer & Cia., 1924.

Polêmicas. Coligidas e anotadas por Paulo Medeiros e Albuquerque. Rio de Janeiro: Pongetti, s.d.

Pontos de Vista. Rio de Janeiro: Francisco Alves; Paris: Aillaud, Alves & Cia, 1913.

Por Alheias Terras. Rio de Janeiro: Americana, 1931.

Quando Eu Era Vivo. 2.ª ed. Póstuma e definitiva. Rio de Janeiro: Record, 1981.

Se Eu Fosse Sherlock Holmes. Rio de Janeiro: Francisco Alves, 1932.

Surpresas... Contos. Rio de Janeiro, Flores & Mano, 1934.

Teatro meu e dos Outros. Rio de Janeiro: Francisco Alves, 1923.

Tests (Introdução ao Estudo dos Meios Científicos de Julgar a Inteligência e Aplicação dos Alunos). Rio de Janeiro: Francisco Alves, 1924.

Vocabulário Brasileiro de Ortografia Oficial. Rio de Janeiro: Francisco Alves, 1933.

BIBLIOGRAFIA SOBRE O AUTOR

BROCA, Brito. "Ecletismo". *In:* _____. *Papeis de Alceste.* (Coord. de Alexandre Eulálio). Campinas, SP: Editora da UNICAMP, 1991. pp. 178-179.

_____. *Naturalistas, Parnasianos e Decadistas*: Vida Literária do Realismo ao Pré-Modernismo. (Coord. de Alexandre Eulálio). Campinas, SP: Editora da UNICAMP, 1991.

HOLLANDA, Sergio Buarque. *O Espírito e a Letra*: Estudos de Crítica Literária I, 1920-1947. Organização, introdução e notas de Antonio Arnoni Prado. São Paulo: Companhia das Letras, 1996.

MOISÉS, Massaud. "Preliminares". *In:* _____. *História da Literatura Brasileira*: Simbolismo. São Paulo: Cultrix, 1984.

MURICY, Andrade. "Medeiros e Albuquerque". *In:* _____. *Panorama do Movimento Simbolista Brasileiro.* 2.ª ed. Brasília: Conselho Federal de Cultura e Instituto Nacional do Livro, 1973. vol. I, pp. 320-25.

Obra Crítica de Araripe Júnior. Edição dirigida por Afrânio Coutinho. Rio de Janeiro: Ministério da Educação e Cultura; Casa de Rui Barbosa, 1966, vol. IV - 1901-1910 (Coleção de Textos da Língua Portuguesa Moderna).

RAMOS, Péricles Eugênio da Silva. "Poesia Simbolista". *In:* _____. *Do Barroco ao Modernismo*: Estudos de Poesia Brasileira. 2.ª ed. rev. e aum. Rio de Janeiro: Livros Técnicos e Científicos, 1979.

RIO, João do. "Medeiros e Albuquerque". *In:* _____. (org. de Rosa Gens*). O Momento Literário.* Rio de Janeiro: Fundação Biblioteca Nacional, Dep. Nacional do Livro, 1994.

"Personagem"*

(*Masculino ou Feminino?*)

Na redação de diversos verbetes já tem aparecido a palavra *personagem*. Isso fez com que, em certa ocasião, se examinasse se convinha mais considerá-la masculina ou feminina. Pelos votos do Sr. João Ribeiro, do Sr. Ramiz Galvão e o meu, decidiu-se que, embora ela pudesse ser tanto masculina como feminina, era a designação masculina que mais convinha.

De novo, agora levanta-se a questão. Vale a pena reexaminá-la.

O primeiro dicionário da língua em que esse termo aparece é o de *Bluteau*, elaborado entre o fim do século 17.º e o princípio do século 18.º. Lá ela está dada como masculina. Tem a abonação de Francisco Rodrigues Lobo.

Como, porém, as palavras terminadas em *agem*, em português, são quase todas do gênero feminino, algumas pessoas foram dando a *personagem* este último gênero. Rima não é, porém, razão etimológica para determinar o gênero de nenhuma palavra. O resultado foi, entretanto, que o vocábulo *personagem* acabou por ser indicado nos dicionários, como

---

* *In: Homens e Cousas da Academia*. Rio de Janeiro: Renascença, 1934, pp. 323-24.

podendo ser, indiferentemente, masculino ou feminino. É essa a opinião de Vieira, Morais, Aulete, Adolfo Coelho, João de Deus, Domingos de Azevedo, Simões da Fonseca e João Ribeiro...

[...]

Por fim, chegou o Sr. Candido de Figueiredo e decidiu soberanamente que *personagem* só podia ser feminino. A partir daí, o número dos que dão esse gênero a tal palavra, aumentou.

[...]

A esse respeito convém contar que as palavras *personnage* (francês), *personaje* (espanhol), *personaggio* (italiano), todas elas vindas do mesmo *personaticum*, latino, são masculinas. E masculina a palavra *personagem* entrou na nossa língua.

[...]

Por tudo isto, proponho que daqui por diante fique assentado que se preferirá o gênero masculino, sempre que se tiver de empregar a palavra *personagem*.

MEDEIROS E ALBUQUERQUE

A Vogal Preta*

[...]

Mais tarde, solicitada a minha atenção para uma crítica ao livro de Flournoy – *Les Phénomènes de Synopsie*, empreendi indagar de algumas pessoas se apresentavam algum fato de audição colorida. Tive respostas positivas e negativas. Vi cada uma atribuir às diversas vogais as cores mais várias. Quantas, porém, achavam ligação entre as vogais e as cores, optavam decididamente pela atribuição do preto ao *u*. Algumas viam realmente a cor, quando se pronunciava a vogal: destes é que realmente se pode dizer que tinham *audição colorida*. Outros estavam no meu caso: achavam naturais, evidentes, lógicas, certas associações, embora não pudessem explicar a causa dessa evidência.

[...]

Quer fazer uma experiência muito simples? Tome uma folha de papel, divida-a em cinco colunas, escreva ao alto da primeira: preto, da segunda: branco, da terceira: azul, da quarta: encarnado, da quinta: amarelo. Feito isto, peça a qualquer que enumere sob cada uma dessas rubricas dez substantivos,

---

* *In*: *Pontos de Vista*. Rio de Janeiro: Francisco Alves; Paris: Aillaud, Alves & Cia, 1913, pp. 66-72.

44 SÉRIE ESSENCIAL

adjetivos ou verbos, cujo acento tônico seja uma sílaba em *u*
e a cujas ideias se liguem logicamente as cores indicadas no
alto das colunas.

[...]

Num excelente artigo, publicado no 5.º volume de
L'Année Psychologique, J. Clavière, depois de formular bem
a questão da audição colorida, indica as principais teorias a
respeito. Todas elas apelam para explicações mais ou menos
complicadas. Só ao terminar o escritor diz:

"Notemos enfim que quase todas os autores reconhece-
ram que era necessário dar um certo lugar à associação de
ideias, sem, todavia, admitir que a audição colorida possa ser
resultado da simples simultaneidade de uma percepção sonora e de uma percepção auditiva."

[...]

Se Eu Fosse Sherlock Holmes*

Os romances de Conan Doyle me deram o desejo de
empreender alguma façanha no gênero das de Sherlock
Holmes. Pareceu-me que deles se concluía que tudo estava
em prestar atenção aos fatos mínimos. Destes, por uma série

---

* *In: Se Eu Fosse Sherlock Holmes.* Rio de Janeiro: Guanabara, s/d, pp. 5-9.

de raciocínios lógicos, era sempre possível subir até o autor do crime.

Quando acabara a leitura do último dos livros de Conan Doyle, meu amigo Alves Calado teve a oportuna nomeação de delegado auxiliar. Íntimos, como éramos, vivendo juntos, como vivíamos na mesma pensão, tendo até escritório comum de advocacia, eu lhe tinha várias vezes exposto minhas ideias de "*detective*". Assim, no próprio dia de sua nomeação, ele me disse:

— Eras tu que devias ser nomeado!

Mas acrescentou, desdenhoso das minhas habilidades:

— Não apanhavas nem o ladrão que roubasse o obelisco da Avenida!

Fi-lo, porém, prometer que, quando houvesse algum crime, eu o acompanharia a todas as diligências. Por outro lado levei-o a chamar a atenção do seu pessoal para que, tendo notícia de qualquer roubo ou assassinato, não invadisse nem deixasse ninguém invadir o lugar do crime.

— Alta polícia científica — disse ele, gracejando.

[...]

Uma noite, fui convidado por Madame Guimarães para uma pequena reunião familiar. Em geral, o que ela chamava "pequenas reuniões" eram reuniões de vinte a trinta pessoas, da melhor sociedade. Dançava-se, ouvia-se boa música e quase sempre ela exibia algum "número" curioso: artistas de teatro, de "*music-hall*" ou de circo, que contratava para esse fim. [...]

A noite em que eu lá estive entrou bem nessa regra.

Em certo momento, quando ela estava cercada por uma boa roda, apareceu Sinhazinha Ramos. Sinhazinha era sobrinha de Madame Guimarães; casara-se pouco antes com um médico de grande clínica. Vindo só, todos lhe perguntaram:

— Como vai seu marido?

— Tem trabalhado por toda noite, com uma cliente.

— É admirável como os médicos casados têm sempre clientes noturnas...

— Má língua! — replicou ela. Ele sempre os teve.

Outra senhora, Madame Caldas, acudiu:

— Os maridos, quando querem passar a noite fora de casa, acham sempre pretextos.

Voltei-me para o Dr. Caldas, que era advogado, e interpelei-o:

— Tem a palavra o acusado!

O Dr. Caldas não gostou da afirmação da mulher. Resmungou apenas:

— Tolices de Adélia...

O embaraço dele se dissipou, porque Madame Guimarães perguntou à sobrinha:

— Onde deixaste tua capa?

— No meu automóvel. Não quis ter a maçada de subir.

A casa era de dois andares e Madame Guimarães, nos dias de festas, tomava para si arrumar as capas e chapéus femininos no seu quarto:

— Serviço de vestiário é exclusivamente comigo. Não quero confusões.

Fechando os parêntesis, a conversa voltou ao ponto em que estava. Declarei, então, que tinha pensado em casar-me. Antes, porém, procurara obter um lugar na Inspetoria de Iluminação. Mesmo de graça, me servia.

[...]

Nisto, uma das senhoras presentes veio despedir-se de Madame Guimarães. Precisava de seu chapéu. A dona da casa que, para evitar trocas e desarrumações, era a única a penetrar no quarto que transformara em vestiário, levantou-se e subiu para ir buscar o chapéu da visita que desejava partir.

Não se demorou muito tempo. Voltou com a fisionomia transtornada:

— Roubaram-me. Roubaram o meu anel de brilhantes...

[...]

Sherlock Holmes gritou dentro de mim: "Mostra o teu talento, rapaz!"

[...]

Saltei ao telefone, toquei para o Alves Calado, que se achava de serviço nessa noite, e preveni-o do que havia, recomendando-lhe que trouxesse alguém, perito em dactiloscopia.

Ele respondeu de lá com sua troça habitual:

— Vais afinal entrar em cena com a tua alta polícia científica?

Objetou-me, porém, que a essa hora não podia achar nenhum perito. Aprovou, entretanto, que eu não consentisse ninguém entrar no quarto. Subi então com todo o grupo para fecharmos a porta à chave. Antes de fechar, era, porém, necessário que Madame Guimarães tirasse as capas que estavam no seu leito. Todos ficaram no corredor, mirando, comentando. Eu fui o único que entrei, mas com um cuidado extremo, um cuidado um tanto cômico de não tocar em cousa alguma. [...]

Foi no meio dessas conversas que Sherlock Holmes cresceu dentro de mim. Anunciei:

— Já sei quem furtou o anel.

Pelicano*

C'est la chair de ta chair, c'est l'âme de ton âme
Jean Richepin

Onde a vaga se quebra em ríspidos lamentos,
junto à costa, onde a rocha é dura e penetrante,
habita, exposta ao sopro aspérrimo dos ventos,
uma ave que é do amor o exemplo culminante.

Por isto ela, que afronta a voz dos elementos,
impassível, sem dor, estoica e triunfante,
vendo o filhinho exausto, em presa a mil tormentos
rasga p'ra alimentá-lo o seio palpitante.

Assim, deveis também, ó loucos cismadores,
que na trilha sem fim das lutas e rancores
andais buscando a luz que vos conduza à História,

sentindo palpitar esse fatal anseio,
rasgar sem medo algum vosso possante seio,
p'ra alimentar da campa a vossa filha: — a Glória.

---

* *In*: *Canções da Decadência e Outros Poemas*. Introdução, organização e fixação de texto de Antonio Arnoni Prado. São Paulo: Martins Fontes, 2003, p. 33.

Proclamação Decadente*

A Olavo Bilac
(*Carta escrita por um poeta*
a 20 de Floréal,
sendo Verlaine profeta,
e Mallarmé — deus real)

Poetas,
são tempos malditos
os tempos em que vivemos...
em vez de estrofes, há gritos
de desalentos supremos.

Se algum d'entre vós, cantando
nos banquetes ergue a taça,
sente, convulsa, pesando,
a mão fria da Desgraça!

O Sorriso é tredo aborto
de algum soluço contido,
à beira dos lábios morto,
pelo Escárnio repelido.

---

* *In: Canções da Decadência e Outros Poemas.* Introdução, organização e fixação de texto de Antonio Arnoni Prado. São Paulo: Martins Fontes, 2003, pp. 98-100.

E o Pranto — se o Pranto ardente
banha uma face sombria —
vem do excesso do pungente
riso mordaz de Ironia.

Que resta? Todas as crenças...
todas as crenças morreram!
Ficaram sombras imensas,
onde lumes esplenderam...

Que resta? A Dúvida horrível
os sonhos todos crestou-nos...
A Natureza impassível,
só conta invernos e outonos.

Se, pois, na Glória inda crerdes,
há de enganar-vos a Glória!
Murcham-se os louros mais verdes
nas folhas éreas da História...

Os Poetas do Sentimento,
que pintam a sua idade,
vão morrer do Esquecimento
na profunda soledade.

E neste tempo em que o Homem
se altera e diferencia,

breves, os cantos se somem
na indiferença sombria.

Pode a Música somente
do Verso nas finas teias
conservar no tom fluente
tênue fantasma de ideias;

porque é preciso que todos
no vago dessa moldura
sintam os estos mais doidos
da emoção sincera e pura;

creiam achar no que apenas
é tom incerto e indeciso
dos seus sorrisos e penas
o anseio exato e preciso.

Que importa a Ideia, contanto
que vibre a Forma sonora,
se da Harmonia do canto
 vaga alusão se evapora?

Poetas,
Eu sei que, sorrindo,
zombam de nós os descrentes,

MEDEIROS E ALBUQUERQUE   53

— Deixai! Ao pé deste infindo
ruir de ilusões ardentes,

nós, entre os cantos sagrados,
que só tu, Poesia! animas,
passaremos embuçados
em áureos mantos de rimas!

Pudica*

Nua. Lambendo-lhe a epiderme lisa,
por sob a qual o sangue tumultua,
caiu-lhe aos pés, em flocos, a camisa,
deixando-a nua... inteiramente nua...

O pé, que a alvura do banheiro pisa,
mal os dedinhos róseos insinua
na água, que em largos círculos se frisa,
logo, fugindo lépido, recua...

---

* *In*: *Canções da Decadência e Outros Poemas*. Introdução, organização e fixação de texto de Antonio Arnoni Prado. São Paulo: Martins Fontes, 2003, p. 132.

Passa por todo o corpo um arrepio.
Duros e brancos, hirtam-se de frio
seus dois peitinhos. Tímida, medrosa,
corre a não sobre o ventre torneado...

Nisto, lembrando, acaso, o namorado,
toda se tinge de um pudor de rosa...

Da Carteira de um *Flâneur**

E. W.

Quando ela passa, pálida e franzina,
mimo de graça, mimo de frescura,
lembra o seu rosto de ideal candura
um perfil de madona pequenina.

Dizem que sua voz sonora encanta,
expandindo-se em notas, que, suaves,
são como arrulho de gementes aves,
como harmonia melodiosa e santa.

---

* *In*: *Canções da Decadência e Outros Poemas*. Introdução, organização e fixação de texto de Antonio Arnoni Prado. São Paulo: Martins Fontes, 2003, p. 136.

Revive nela a sedução divina
da que o Goethe evocou e hoje ilumina
as baladas teutônicas, sentidas...

Por isto, meiga e terna, quando canta,
canta na sua alvíssima garganta
a alma errante das loiras Margaridas...

Em Louvor das Cidades*

Eu sou o que sempre viveu nas grandes cidades; de cidades em cidades rolou; sou o que aí gozou e sofreu; sou o que desdenha e desconhece, porque não acredita nelas, as delícias bucólicas; sou, por isso mesmo, o que ama esses acervos colossais de casas e ruas, essas grandes multidões compactas, em que tumultua a alma das nações. Eu sou o que sempre viveu nas grandes cidades.

∾

Casas e casas... Batalhões cerrados, em filas, pelas ruas e pelas praças. Vistas do alto, um oceano de tetos, feio, desigual,

---

* *In: Poemas sem Versos*. Rio de Janeiro: Livraria Editora Leite Ribeiro, Freitas Bastos, Spicer & Cia, 1924, pp. 77-8.

entre vermelho e negro; mas apesar de sua feialdade [*sic*], cheio de uma grande beleza...

Casas e casas... [...]. E quando se olha para esse estranho oceano, tem-se a impressão de ouvir um clamor formidável, um rugido feito de mil rugidos de cólera e ódio, feito de sussurros de carícias, de chiar de beijos — os bons beijos lícitos e, melhores ainda, os quentes beijos pecaminosos; — feitos de balbucios incertos de crianças, feito de vozes calmas de pensadores e de vozes estúrdias de frívolos mundanos, feito de vozes suaves de mulheres e de vozes ásperas de homens...

[...]

Série Essencial

001	Oswaldo Cruz, *Moacyr Scliar*
002	Antônio Houaiss, *Afonso Arinos, filho* | *1.ª ed., ABL, esgotado.*
003	Peregrino Júnior, *Arnaldo Niskier*
004	João do Rio, *Lêdo Ivo*
005	Gustavo Barroso, *Elvia Bezerra*
006	Rodolfo Garcia, *Maria Celeste Garcia*
007	Pedro Rabelo, *Ubiratan Machado*
008	Afonso Arinos de Melo Franco, *Afonso Arinos, filho*
009	Laurindo Rabelo, *Fábio Frohwein de Salles Moniz*
010	Artur Azevedo, *Sábato Magaldi*
011	Afonso Arinos, *Afonso Arinos, filho*
012	Cyro dos Anjos, *Sábato Magaldi*
013	Euclides da Cunha, *José Maurício Gomes de Almeida*
014	Alfredo Pujol, *Fabio de Sousa Coutinho*
015	João Cabral de Melo Neto, *Ivan Junqueira*
016	Ribeiro Couto, *Elvia Bezerra*
017	José do Patrocínio, *Cecilia Costa Junqueira*
018	Bernardo Élis, *Gilberto Mendonça Teles*
019	Teixeira de Melo, *Ubiratan Machado*
020	Humberto de Campos, *Benicio Medeiros*
021	Gonçalves Dias, *Ferreira Gullar*
022	Raimundo Correia, *Augusto Sérgio Bastos*
023	Rachel de Queiroz, *José Murilo de Carvalho*
024	Alberto de Oliveira, *Sânzio de Azevedo*
025	Álvares de Azevedo, *Marlene de Castro Correia*
026	Alberto de Faria, *Ida Vicenzia*
027	Machado de Assis, *Alfredo Bosi*

028	Álvaro Moreyra, *Mario Moreyra*
029	Austregésilo de Athayde, *Laura Sandroni*
030	Antônio José da Silva, *Paulo Roberto Pereira*
031	Afrânio Coutinho, *Eduardo Coutinho*
032	Sergio Corrêa da Costa, *Edla van Steen*
033	Josué Montello, *Cláudio Murilo Leal*
034	Mário Cochrane de Alencar, *Flávia Amparo*
035	Alcântara Machado, *Marcos Santarrita*
036	Domício da Gama, *Ronaldo Costa Fernandes*
037	Gregório de Matos, *Adriano Espínola*
038	Magalhães de Azeredo, *Haron Jacob Gamal*
039	Visconde de Taunay, *Mary del Priore*
040	Graça Aranha, *Miguel Sanches Neto*
041	Luiz Edmundo, *Maria Inez Turazzi*
042	Coelho Neto, *Ubiratan Machado*
043	Lafayette Rodrigues Pereira, *Fabio de Sousa Coutinho*
044	Júlio Ribeiro, *Gilberto Araújo*
045	Castro Alves, *Alexei Bueno*
046	Vianna Moog, *Luis Augusto Fischer*
047	Augusto de Lima, *Paulo Franchetti*
048	Celso Cunha, *Cilene da Cunha Pereira*
049	Antonio Callado, *Ana Arruda Callado*
050	Goulart de Andrade, *Sânzio de Azevedo*
051	Araripe Júnior, *Luiz Roberto Cairo*
052	Matias Aires, *Rodrigo Petronio*
053	Pardal Mallet, *André Seffrin*
054	Teófilo Dias, *Wellington de Almeida Santos*
055	Félix Pacheco, *Marcos Santarrita*
056	Tomás Antônio Gonzaga, *Adelto Gonçalves*

057	Gonçalves de Magalhães, *Roberto Acízelo de Souza*
058	Luís Murat, *Flávia Amparo*
059	Olegário Mariano, *Pedro Marques*
060	Otto Lara Resende, *Cláudio Murilo Leal*
061	Raul Pompeia, *Ivan Teixeira*
062	Rui Barbosa, *Murilo Melo Filho*
063	Sílvio Romero, *José Luís Jobim*
064	Vicente de Carvalho, *Ida Vicenzia*
065	Alcindo Guanabara, *Ubiratan Machado*
066	Américo Jacobina Lacombe, *José Almino de Alencar*
067	Olavo Bilac, *José Castello*
068	Lúcio de Mendonça, *João Pedro Fagerlande*
069	Pedro Luís, *Pedro Lyra*
070	Odorico Mendes, *Rodrigo Petronio*
071	Aluísio Azevedo, *Orna Messer Levin*
072	Luís Carlos, *Augusto Sérgio Bastos*
073	Artur de Oliveira, *Ubiratan Machado*
074	Maciel Monteiro, *André Seffrin*
075	Afrânio Peixoto, *Rosa Gens*
076	Franklin Távora, *Cláudio Aguiar*
077	Cláudio Manuel da Costa, *Marcos Pasche*
078	Medeiros e Albuquerque, *Armando Gens*

IMPRENSA OFICIAL DO ESTADO DE SÃO PAULO

Coordenação Editorial: *Cecília Scharlach*
Assistência Editorial, Revisão: *Ariadne Martins*
Editoração Eletrônica: *Teresa Lucinda Ferreira de Andrade*
Editoração, CTP, Impressão e Acabamento: *Imprensa Oficial do Estado de São Paulo*

Proibida a reprodução total ou parcial sem a autorização
prévia dos editores

Direitos reservados e protegidos
(lei nº 9.610, de 19.02.1998)

Foi feito o depósito legal na Biblioteca Nacional
(lei nº 10.994, de 14.12.2004)

Impresso no Brasil 2014

Formato: *13 x 18,5 cm*
Tipologia: *Caslon*
Papel Capa: *Cartão Triplex 250 g/m²*
Miolo: *Pólen Soft 80 g/m²*
Número de páginas: *64*
Tiragem: *2000*

Rua da Mooca, 1.921 Mooca
03103 902 São Paulo SP
sac 0800 01234 01
www.imprensaoficial.com.br

GOVERNO DO ESTADO DE SÃO PAULO

Governador: *Geraldo Alckmin*

Secretário-Chefe da Casa Civil: *Saulo de Castro Abreu Filho*

IMPRENSA OFICIAL DO ESTADO DE SÃO PAULO

Diretor-presidente: *Marcos Antonio Monteiro*

CONSELHO EDITORIAL

Presidente: *Carlos Roberto de Abreu Sodré*

MEMBROS

Carlos Augusto Calil

Cecília Scharlach

Eliana Sá

Isabel Maria Macedo Alexandre

Lígia Fonseca Ferreira

Samuel Titan Jr.